Karin M. Pflügler
Glücklichsein und andere Aufgaben

Glücklichsein und andere Aufgaben

Ausbildung eines Schutzengels

von

Karin M. Pflügler

ISBN 978 3 848 22665 8

Titelbild: Karin M. Pflügler
Lektorat: Silke Kleemann
Herstellung und Verlag:
BoD - Books on Demand, Norderstedt

Für alle, die an ihre Träume glauben.

Auftrag auf Erden

„Es ist so weit, kleiner Engel", verkündet Gabriel, dessen Aufgabe es schon immer war, besondere Botschaften zu übermitteln. „Heute bekommst du deinen ersten Auftrag auf Erden!"

„Oh, toll! Wie sieht mein Auftrag aus? Was darf ich tun?" Felicitas ist so aufgeregt, dass ihre Flügel zu flattern beginnen und sie beinahe vom Boden abhebt. Schon lange beobachtet sie die Menschen auf der Erde und die Engel, die sie auf ihren Wegen begleiten.

„Heute wird ein kleiner Mensch geboren", setzt Gabriel fort. „Und du darfst sein Schutzengel sein!"

„Schutzengel! Genau das habe ich mir gewünscht!", ruft Felicitas ganz aufgeregt. Es sprudelt nur so aus ihr heraus. „Was habe ich denn als Schutzengel alles zu tun? Werde ich das auch hinbekommen?"

Gabriel lächelt dem eifrigen kleinen Engel zu. „Du, meine liebe Felicitas, bist in erster Linie für das zuständig, was dein Name schon besagt. Felicitas steht für Glück. Und so ist es deine Hauptaufgabe, dieses kleine Menschenkind auf seinem Weg zum Glück zu begleiten!"

„Super! Mit Glück kenne ich mich aus. Welch wunderbare Aufgabe! Danke, danke, danke!" Felicitas, die vor lauter Begeisterung schon in der Luft schwebt, bekommt plötzlich einen nachdenklichen Gesichtsausdruck und landet damit sofort wieder auf dem himmlischen Boden. Sogar ihre Flügel hängen ein klein wenig weiter nach unten als zuvor. „Aber ich habe gehört, dass die Menschen in ihrem Leben so viele Tore durchschreiten müssen. So viele Aufgaben warten auf sie und es gibt so viele Prüfungen zu bestehen. Ich weiß doch noch gar nicht, wie ich dieses kleine Menschenkind bei all dem am besten unterstützen kann. Außer mit Glück natürlich.“

„Wenn dieses kleine Menschenkind es schafft, das ihm geschenkte Glück wahrzunehmen und sich darauf auszurichten, hat es schon die wichtigste Aufgabe im Leben verstanden. Und zugleich den ersten Schlüssel in Händen: **Das Leben eines Menschen wird *immer* von dem bestimmt, worauf er seine Aufmerksamkeit richtet.“**

„Gabriel, was meinst du denn mit Schlüssel?“

„Es gibt für deinen Schützling, wie für alle anderen Menschen, die Schlüssel des Lebens. Ich nenne sie gerne die goldenen Schlüssel, weil sie so wertvoll sind. Diese Schlüssel sind Erkenntnisse, durch die sich verschiedenste Türen öffnen. Dahinter liegen Bereiche, welche die Seelen gewählt haben, um Erfahrungen zu machen und sich dadurch zu entwickeln.“

„O Gabriel, das hört sich ja aufregend an! Bitte erzähl mir mehr von den Schlüsseln!“

„Natürlich, Feli. Ich werde dir alles genau erklären.“

„Also, wie ist das mit dem ersten Schlüssel? Wie verstehe ich das genau?"

„Gedanken sind eine Form von Energie. Und mit Energie ist es möglich, etwas zu bewegen und zu verändern. Das heißt, jeder Mensch beeinflusst durch seine Gedanken sein Leben. Ein gutes Beispiel ist, wenn ein Mensch denkt, er habe einen besonders guten Tag."

„Ich kenne diese Tage der Menschen", strahlt Felicitas. „Da lächeln sie schon beim Aufstehen, grüßen freundlich ihre Nachbarn, sind geduldig und denken von jeder Situation und von jedem Menschen erst mal das Beste. Durch dieses Verhalten ändert sich ihre Ausstrahlung und damit ihre Anziehung so sehr, dass auch sie von anderen Menschen viel liebevoller behandelt werden."

Gabriel nickt. „Genau das meine ich. Wenn ein Mensch sich auf einen guten Tag ausrichtet, stehen die Chancen bestens, dass er auch einen guten Tag bekommt."

„Und was passiert, wenn ein Mensch behauptet: ‚Dies ist ein richtig blöder Tag.' Oder gar: ‚Heute geht aber auch alles schief, was schief gehen kann'?"

„Oh, da tun sie mir so leid, sie schaffen sich ein Problem nach dem anderen ..."

„Ja, genau so ist es. Und das gilt für alle Bereiche der Menschen:
Glücklichsein oder Unglücklichsein
Erfolg oder Misserfolg
Liebe oder Hass
Vertrauen oder Angst
Freude oder Leid.“

„Das verstehe ich, Gabriel.“

„Siehst du, kleine Feli, schon hast du den ersten Schlüssel für deinen Schützling.“

Seele sucht Heimat

„Gabriel, welchen Namen wird denn mein kleiner Schützling haben?“

„Sie wird Leonie heißen. Und die Eltern, die sich Leonie ausgesucht hat, heißen Peter und Ema.“

„Moment“, wendet da der kleine Engel sofort ein, „ich dachte, die Eltern suchen sich die Seele aus, die in ihre Familie geboren wird. Und nicht umgekehrt!“

„Das, meine kleine Feli, ist gleich der zweite Schlüssel. Jede Seele, egal wie oft sie zur Erde reist, betritt diese wieder durch die Tore der Kindheit. Eltern erklären sich, bewusst oder unbewusst, bereit, dafür einen Platz in ihrem Herzen und in ihrem Heim zur Verfügung zu stellen. **Jede Seele kommt allerdings mit einem ganz besonderen Auftrag auf die Erde. Deshalb ist es am besten, wenn die Seele sich selbst die Familie aussucht, in der sie lernen kann, was sie lernen möchte.“**

Felicitas runzelt die Stirn, und Gabriel fängt ihre Gedanken auf. „Ich weiß, du hast Kindheiten gesehen, von denen man denkt, dass keine Seele sich freiwillig so etwas aussuchen würde. Und doch ist es die Wahrheit, dass die Seele diese Situation gewählt hat - auf die eine oder andere Art.“

„Was soll das heißen, auf die eine oder andere Art?“

„Manche Seelen suchen sich bewusst einen schwierigen

Start im Leben aus, weil sie damit etwas ganz Bestimmtes vorleben wollen. Zum Beispiel, dass es möglich ist, sich ein erfolgreiches und erfülltes Leben aufzubauen. Selbst dann, wenn der Beginn des Lebens von Armut, Krankheit oder einem sehr schwierigen Umfeld geprägt ist. Sie zeigen auf, was alles möglich wird, wenn man sich von äußeren Umständen nicht entmutigen lässt. Und dass eine schlechte ‚Startposition‘ einen Menschen nicht dazu verdammt, für immer dort zu bleiben.“

„Jetzt weiß ich, was du meinst. Ich habe einige dieser Menschen beobachtet. Sie haben es aus bitterster Armut zu größtem Reichtum und Berühmtheit geschafft. Und dadurch werden sie mehr bewundert als Menschen, die in reichen Familien geboren werden.“

„Ja, weil die Menschen sie als Vorbild nehmen, wenn sie ihre Lebensbedingungen verbessern oder ihre Träume leben wollen.“

„Sie denken dann vielleicht: ‚Komm schon, der andere war viel schlechter dran als ich und er hat so viel erreicht. Da wäre es ja gelacht ...‘“

„Damit kennst du einen der Gründe, warum Seelen einen schwierigen Lebensbeginn wählen.“

„Und welche Gründe gibt es noch dafür, dass die Herausforderungen manchmal so groß sind?“

„Herausforderungen bergen die Chance zur Entwicklung von Liebe. Liebe für andere Menschen, Liebe für das Leben und an erster Stelle Liebe zu sich selbst.“

„Das muss wirklich sehr spannend sein, wenn man nicht in der reinen göttlichen Liebe ist!“

„Ja, weil die Seele in eine menschliche Hülle schlüpft. Ihr Ursprung und ihr wahres Wesen ist und bleibt jedoch göttlich. Aber das herauszufinden, sich zuzugestehen und zu bewahren ist für die Menschen fast unmöglich.“

„Wenn sie das schaffen würden, wären sie ja wieder Engel, und das spannende Spiel auf Erden wäre vorbei, nicht wahr?“

„So ist es Felicitas. Aber die wichtigste Aufgabe in diesem Spiel, das Glücklichsein, ist verbunden mit der Liebe. Und wenn ein Mensch sich auf Dauer abwendet von der Liebe zu sich, zu den anderen Menschen oder auch zum Leben selbst, kann er in seinem und im Leben anderer Menschen ein großes Ungleichgewicht hervorrufen. Und wenn die Seele nach einem beendeten Leben dieses Ungleichgewicht sieht, wählt sie zum Start eine Situation, in der sie dies wieder ausgleichen kann.“

„Also sind schlechte Bedingungen im Leben keine Strafe von Vater-Mutter-Gott, sondern eine Chance.“

„Genau so ist es, Feli. Es gibt keine Strafe Gottes. Die Menschen wählen, was und woran sie glauben. Und sie wählen, wie sie selbst die Umstände in ihrem Leben empfinden wollen.“

„Gibt es deshalb Menschen, die in sehr schlimmen Situationen glücklich sind, und andere, die trotz traumhafter Umstände sehr unglücklich sind? Hat das damit zu tun?"

„Da hast du etwas sehr Schönes beobachtet, Feli. Der Grund hierfür ist, dass nur ein Teil ihrer Glücksgefühle von äußeren Umständen abhängt. Der andere Teil ist die innere Einstellung. Und so erschafft ein Mensch sich auf verschiedenen Ebenen seinen eigenen Himmel oder seine eigene Hölle, und dort lebt er dann. Doch weil manche Menschen dies nicht herausfinden oder wahrhaben wollen, erkennen sie oft die Zusammenhänge nicht. So kommt es zu der Haltung: ‚Ich kann ja nichts dafür‘. Und zugleich fangen diese Menschen an, Gott und ihre Mitmenschen zu beschimpfen. Was sie nicht nur viel wunderbare Zeit kostet, sondern auch davon abhält, ihre eigene Aufgabe zu leben."

Die Aufgaben der Seele

„Jetzt hast du schon so oft über die Aufgaben der einzelnen Seelen gesprochen, Gabriel. Wo kommen diese Aufgaben denn her?"

„Wie gut, dass du ein solch aufmerksamer Engel bist, Felicitas! Weil es für mich so selbstverständlich ist, hätte ich fast vergessen, dir das Wichtigste genau zu erklären. **Wenn eine Seele sich entscheidet auf die Erde zu reisen, darf sie sich aussuchen, welches Geschenk sie den Menschen mitbringen möchte.**"

„Ein Geschenk, wie schön! Nur ein einziges?"

„Jede Seele entscheidet selbst, wie viele Aufgaben sie übernimmt."

„Reden wir jetzt noch von Geschenken oder von Aufgaben?"

Da schmunzelt Gabriel. „Feli, die Geschenke *sind* die Aufgaben! Und zugleich sind die Aufgaben die Geschenke!"

„Geschenke – Aufgaben, Aufgaben – Geschenke? Jetzt bin ich ganz verwirrt."

„Lass es mich mit einem Beispiel erklären: Damit die Erde nicht zum Stillstand kommt, sind immer wieder verschiedene Entwicklungen notwendig. Uns Engeln ist es untersagt, direkt auf die irdischen Geschehnisse einzuwirken. Deshalb müssen Seelen zur Erde reisen, die bereit sind, durch verschiedene Aufgaben zur Entwicklung beizutragen. Und zugleich können Seelen in menschlicher Form viele Erfahrungen machen."

„Dazu inkarnieren die Seelen?"

„Ja, und da es hierfür unzählige Möglichkeiten gibt, darf jede Seele sich aus diesem breiten Spektrum etwas aussuchen: Spiritualität, Heilung, Umwelt, Wissenschaft, Technik oder auch Bereiche wie Musik und Kunst, die den Menschen Spaß machen und auf diese Weise ihr Leben bereichern."

„Was hat Leonie sich denn ausgesucht?"

„Leonies Geschenk ist es, den Menschen Spaß und Leichtigkeit vorzuleben und andere Menschen darin zu unterstützen, ihre Geschenke zu verteilen."

„Du meinst damit wahrscheinlich, dass diese wiederum ihre Aufgaben leben. Aber wie wird sie das konkret umsetzen?"

„Leonie wird Bücher schreiben. Das ist sozusagen die Verpackung, die sie für dieses Geschenk gewählt hat. Damit lebt sie ihre Lebensaufgabe, und durch ihr Vorleben macht sie anderen Menschen Mut, ebenfalls ihre Talente einzusetzen."

„Aber wie wird sich Leonie an ihre Aufgaben erinnern können? Die Menschen vergessen doch alles, was hier im Himmel war."

„Leonies Verstand wird sich nicht an die gewählten Aufgaben erinnern können, aber ihre Seele wird sie nie vergessen. Zur Erinnerung pflanzen wir den Menschen Wünsche, Sehnsüchte und Träume ins Herz, und als Wegweiser bekommen sie ihre Talente und Fähigkeiten mit auf den Weg.“

„Jetzt bin ich aber froh! Denn damit hat Leonie ja die besten Chancen, ihr Geschenk auf die Erde zu bringen.“

„Die Chancen haben alle Seelen, denn wir geben ihnen nur Geschenke mit auf ihren Weg, die sie auch wirklich umsetzen können. Aber manchmal suchen sich die Seelen Aufgaben aus, bei denen es gilt, sehr viel Vertrauen und Mut zu zeigen, um es in einem Leben zu schaffen.“

„Was meinst du mit Vertrauen und Mut?“

„Nehmen wir Leonie als Beispiel. Sie hat sich ausgesucht, die Menschen daran zu erinnern, ihre Geschenke zu verteilen. Aber bevor sie beginnt zu schreiben, muss sie Erfahrungen sammeln. Dies wird in verschiedenen Berufen geschehen. So wird sie unter anderem für einige Jahre im Unternehmen ihrer Eltern arbeiten.“

„Und dafür braucht sie viel Mut?“

„Ja, auch dafür. Doch die eigentliche Prüfung kommt erst Jahre später, wenn es für Leonie Zeit wird, ihr echtes Geschenk an die Menschen zu übergeben.“

„Das Bücherschreiben?“

„Ja genau. Denn dazu ist es wichtig, dass sie weitere Erfahrungen sammelt. Deshalb muss sie ihren eigenen Weg einschlagen, was zugleich bedeutet, dass sie den beruflichen Weg ihrer Familie verlassen muss.“

„Wird ihre Familie das denn verstehen?“

„Das ist der entscheidende Punkt. Leonie wird an einer Weggabelung stehen. Und sie muss sich zwischen dem Traum ihrer Eltern und ihrem eigenen Traum entscheiden.“

„O Gabriel, jetzt ist es nicht mehr so leicht, wie ich anfangs dachte. Ich habe nämlich beobachtet, wie sehr Eltern mit ihren Kindern verbunden sind. Und auch dass sie versuchen, ihre Kinder vor schwierigen Erfahrungen zu bewahren. Sie meinen es natürlich gut, aber ich habe gesehen, dass es den Kindern dadurch oft richtig schwer fällt, wirklich ihren Weg zu gehen.“

„Jetzt weißt du, warum wir von Mut und Vertrauen für die *eigene* Aufgabe sprechen. **Da die Verteilung des Geschenkes jedoch der Grund für jede Seele ist, zur Erde zu reisen, hat diese Aufgabe oberste Priorität.** Und Situationen wie die eben beschriebene sind Prüfungen, die es zu bestehen gilt.“

„Weißt du, ob Leonie es schaffen wird?“

„Das weiß ich nicht, Feli. Denn dies ist jedem Menschen alleine überlassen. Deshalb wird es auch der freie Wille genannt.“

„Das wird spannend!", ruft Felicitas. „Und was meintest du vorher mit der Aussage ‚in einem Leben'? Würde Leonie noch mal ein ähnliches Leben bekommen, falls sie es im jetzigen nicht schafft ihre Aufgaben zu erfüllen?"

„Für die Seelen ist es äußerst wichtig, dass sie die ausgewählten Geschenke auf der Erde verteilen. Kommen sie zurück zu uns in den Himmel, ohne die Chancen hierfür genutzt zu haben, wollen die meisten sofort wieder auf die Erde, um ihre Geschenke doch noch verteilen zu können. Dies trifft übrigens auch auf die Seelen zu, die ihr Leben vor der Zeit selbst beenden."

„Und wird ihnen das erlaubt?"

„Natürlich, warum denn nicht? Es gibt keinen Grund, einer Seele den Wunsch zu verwehren, wieder auf die Erde zu reisen und dort so viele oder manchmal auch wenige Jahre zu verweilen, wie sie möchten."

„Und dann haben sie wieder die Möglichkeit, ihre Geschenke zu verteilen, Erfahrungen zu sammeln und das auszugleichen, was am Ende ihres Lebens im Ungleichgewicht war."

Gabriel nickt. „Manchmal kommen aber auch Seelen zurück, die solche Freude an ihrer Aufgabe hatten, dass sie im nächsten Leben damit fortfahren möchten. Auch das gewähren wir gerne. Denn dadurch entsteht eine ganz besondere Intensität. Und diese inspiriert wiederum andere Menschen."

„Also ist das gesammelte Wissen der letzten Leben dem Menschen bewusst und er kann es erneut nutzen?"

„In gewissem Umfang, ja. Aber der Zeitpunkt, zu dem dieses Wissen umsetzbar wird, ist eine andere Geschichte. Denn es hängt vom Lebensplan ab, den sich die Seele ausgesucht hat. Doch du kannst dir sicher sein: Immer wenn ein Mensch sich mit ganzem Herzen dafür entscheidet, seine Talente zu leben, sprich seine Aufgabe zu erfüllen, werden alles Wissen, alle Unterstützung und auch alle Lehrer, die er noch benötigt, für ihn da sein. **Denn ein Wunsch, der aus dem Herzen und somit aus der Seele kommt, ist wie ein riesiger Magnet. Damit ist es möglich, alles anzuziehen, was für die Umsetzung und Realisierung notwendig ist.** So gelingt es auch, neue Geschenke auf die Erde zu bringen, die in Zeiten des Umbruchs und des Wandels notwendig sind."

„Dazu braucht es dann wohl ganz besonders mutige Seelen."

Unterstützung auf dem Weg

Gabriel wiegt den Kopf. „Weißt du Feli, es gibt keinen einzigen Menschen, der nicht von Mut und Angst zugleich geprägt wäre. Entscheidend ist, welchem von beidem er die Oberhand lässt! Denn sobald der Mut auch nur ein kleines bisschen die Angst überwiegt, entfacht erneut die Sehnsucht im Herzen. Dadurch bekommen die Träume mehr Gewicht als die Zweifel und heben diese Stück für Stück auf.“

„Das ist ein schönes Bild, Gabriel. Ich sehe die Waage direkt vor mir! Aber kann es sein, dass nicht nur fehlender Mut der Grund ist, warum manche Geschenke nicht verteilt werden?“

„Manchmal liegt es daran, dass Menschen die Prioritäten falsch setzen. So werden beispielsweise materielle Dinge nicht als Ergänzungen gesehen, die ihr Leben verschönern, erleichtern und sie bei der Umsetzung ihrer Projekte unterstützen können, sondern als Hauptaufgabe, für die sie leben! Durch diese oder andere Verlockungen vergessen sie dann ihren Weg. Und leider passiert es auch, dass Menschen dem Weg mehr Bedeutung zuschreiben, der von der Gesellschaft oder ihren Familien als richtig befunden wird, anstatt ihren Herzenswünschen nachzugehen. Deshalb begeben manche Seelen sich auf große Umwege, mit denen sie viel wertvolle und glückliche Zeit vergeuden. Andere verirren sich auf diesen Wegen so sehr, dass sie nicht mehr zu ihrem eigenen zurückfinden.“

„Ich weiß, welche Seelen du meinst, Gabriel. Es sind die ‚Farblosen‘. Nicht wahr?“

„Ja, es sind die Farblosen. Denn die Seele verliert ihren Glanz, wenn sich der Mensch von seinem Weg abbringen lässt.“

„Und wie kann ich Leonie vor diesen Irrwegen beschützen? Als ihr Schutzengel wünsche ich mir doch schon heute, dass sie ihrem Lebensweg folgt und dadurch ihre Erfüllung findet. Ich habe nämlich beobachtet, dass es genau diese Menschen sind, welche die meiste Liebe für sich und für ihre Mitmenschen empfinden.“

Gabriel nickt. **„Ihr Schutzengel könnt die Menschen auf ihrem Weg unterstützen und leiten. Vorausgesetzt sie vertrauen euch und euren Worten, die sie als innere Stimme oder auch Intuition wahrnehmen.“**

„Das verstehe ich jetzt nicht. Das wird doch jeder Mensch machen!“

„Das wäre schön, mein kleiner Engel, und zugleich würde das Leben der Menschen auch sehr einfach werden. Aber zum Spiel auf Erden gehört nun einmal das Gesetz des freien Willens. Und so ist es möglich, dass Menschen ihre Verbindungskanäle verschließen. Dadurch werden die Stimmen von uns Engeln zu einem Flüstern, das leicht überhört werden kann. Und es wird erst wieder lauter, wenn sie mit der Energie ihres Herzens um etwas bitten.“

„Und was passiert, wenn sie ohne Herzensenergie um etwas bitten?“

„Nichts.“

„Nichts? Gabriel, wieso denn das?“

„Das Leben der Menschen macht nur mit Hilfe der Liebe wirklich einen Sinn. Aus diesem Grund erreichen uns Engel ausschließlich die Bitten, die von Liebe getragen sind.“

„Wenn ein Mensch also mit verschlossenem Herzen um etwas bittet, helfen ihm auch Tausende von Worten nichts? Ich verstehe. Und was kann ich tun, damit Leonie ihr Herz wieder öffnet und ich ihr bei der Erfüllung ihrer Wünsche helfen kann?“

„Bring sie zum Lächeln.“

„Und dadurch kann sie mich wieder hören? Durch so etwas Einfaches?“

„Es klingt wirklich einfach, Feli. Die Schlüssel des Lebens sind oft in den einfachen Dingen verborgen. Das soll den Menschen helfen, ihr Leben nicht immer komplizierter zu machen. Aus diesem Grund ist es auch möglich, dass ein Mensch durch ein äußeres oder inneres Lächeln innerhalb eines Atemzuges wieder Freude am Leben empfindet. Jede Seele kommt auch auf die Erde, um solche Erfahrungen zu machen.“

„Welche Erfahrungen meinst du jetzt genau, Gabriel?"

„Die Erfahrung von Freud und Leid! Die Erfahrung von himmelhoch jauchzend und manchmal auch von zu Tode betrübt. Erfahrung. Erfahrung. Erfahrung. Das ist es, wonach sich jede Seele sehnt und was nur in menschlicher Form möglich ist."

„Aber das würde ja bedeuten, dass eine schlechte Erfahrung genauso gut ist wie eine gute Erfahrung."

„Manchmal, und das ist einer der besonderen Lebensschlüssel, sind die schlechten Erfahrungen sogar nützlicher für einen Menschen als die guten. Weil er durch sie für sein weiteres Leben lernen und dadurch viel gewinnen kann."

„Aber die Freude muss doch besser sein als das Leid, sonst würde es ja der wichtigsten Aufgabe der Menschen widersprechen, dem Glücklichsein."

„Stimmt. Doch die Freude gibt es nur deshalb, weil es auch das Leid gibt."

„Und wie schaffen es die Menschen dann, dass die Freude in ihrem Leben dominiert?"

„Indem sie sich nicht mit den Herausforderungen identifizieren. Aber zu diesem Schlüssel erzähle ich dir später noch mehr."

Krankheit als Geschenk

„Jetzt möchte ich dir von den Krankheiten erzählen. Und welche Geschenke darin für Menschen liegen können. Wenngleich ich zugebe, dass die Verpackung für den Betroffenen oft recht unschön aussieht."

„Gabriel, nein. Das kann nicht sein. Ich habe gesehen, wie sehr die Menschen unter Krankheiten leiden. Es ist wirklich schlimm für sie."

„Ich weiß, dass viele Menschen es so empfinden, aber nur so lange, bis sie die größeren Zusammenhänge sehen und sich durch diesen Schlüssel die Erfahrung nutzbar machen."

„Worin könnte denn das Geschenk einer Krankheit liegen?"

„Manchmal verschaffen Krankheiten den Menschen eine Pause, die sie sich sonst niemals zugestehen würden. Sie können den Menschen zu großen Erkenntnissen über ihr Leben oder ihren Lebensweg verhelfen, und manchmal ist eine Krankheit sogar die Basis, um eine Lebensaufgabe umsetzen zu können."

„Gabriel, das klingt sehr kompliziert."

„Mach dir keine Sorgen, kleine Feli, ich erkläre dir jeden einzelnen Punkt."

„Ich verstehe schon, dass manche Krankheiten oder auch Krankheitstage den Menschen zu einer Pause verhelfen, die sie sich selbst nicht gönnen würden. Solche Situationen habe ich schon oft beobachtet. Wobei ich es seltsam finde - ist ein Mensch gesund und will ein paar Tage nicht in die Schule oder zur Arbeit gehen, weil er Zeit für sich braucht, hat niemand dafür Verständnis, wenn er krank ist schon. Genauso bei manchen privaten Terminen oder Treffen. Aber ich sehe auch, dass manche Menschen sich ehrliche Beziehungen aufbauen, in denen sie keine Krankheiten ‚brauchen‘. Sie sagen einfach, dass sie Zeit für sich benötigen oder gerade kein gutes Gefühl haben, hier oder dort hinzugehen. Und das wird nicht nur akzeptiert, sondern geschätzt. Denn damit entsteht die gleiche Freiheit für die anderen.“

„Ja, da hast du ganz besondere Beziehungen beobachtet, und das Schöne ist, dass sie immer mehr werden. Aber um sich solch ein Umfeld aufbauen zu können, benötigen die Menschen Zeit, Vertrauen und Mut. Und solange sie kein Umfeld haben, das einen Rückzug ohne Krankheit erlaubt, oder solange sie es sich selbst noch nicht zugestehen, bekommen sie diese ‚erzwungenen Auszeiten‘. Durch sie ist es den Menschen möglich, zu wertvollen Erkenntnissen zu gelangen. Manchmal auch zu der Sicht, dass einige Weichen im Leben neu gestellt werden müssen. Denn ein weiteres Geschenk von Krankheiten ist es, dass der Körper den Menschen auf etwas hinweist, was er ansonsten nicht wahrnehmen würde. Am einfachsten zeigen es die alten Sprichwörter: ‚Das bereitet mir schon lange Kopfzerbrechen‘, ‚Das geht mir an die Nieren‘, ‚Das schlägt mir auf den Magen‘ ...“

Feli überlegt. „Das hieße ja, dass der Magenschmerz nur die Auswirkung ist und den Blick des Menschen auf das lenken will, was die Ursache des Schmerzes oder des Ungleichgewichtes darstellt."

Gabriel nickt. „Ja, und deshalb ist es auch ziemlich ungünstig, wenn Menschen alle Mittel recht sind, nur um schnellstmöglich die Symptome zu beseitigen. Denn auf diese Weise ignorieren sie, was ihr Körper ihnen sagen möchte. Die Menschen können sich zwar die Erkenntnis auch später über andere Wege erschließen, doch dann benötigen sie dazu oft viel mehr Zeit, um zur gleichen Erkenntnis zu gelangen."

„Das ist fast wie mit ihren Krediten. Sie bekommen zwar Geld, das sie eigentlich noch gar nicht haben, aber für die Rückzahlung brauchen sie viel mehr Energie, weil Zinsen dafür zu zahlen sind."

„Das ist ein geniales Beispiel, Felicitas! Und jetzt verstehst du auch, warum die Krankheiten immer größer werden, wenn die Menschen sich nicht um den Ausgleich der Energien, also um die Ursachen kümmern."

„Aber Gabriel, ich habe auch viele Krankheiten gesehen, bei denen es schwer und teilweise sogar unmöglich ist, die Ursache herauszufinden."

„Das liegt daran, dass manchmal das Aufdecken der Ursache nur eine bestimmte Ebene oder sagen wir Schicht betrifft. Diese kann mit einem Gefühl in Verbindung stehen, das allein der betroffene Mensch wahrnehmen und sich dadurch heilen kann. Manchmal ist das Aufspüren der Ursache auch deshalb nur ein kleiner Teil der Aufgabe, weil die Seele es gewählt hat, mit dieser Krankheit anderen Menschen etwas vorzuleben."

„Ja, ich habe Menschen beobachtet, die schwere Krankheiten überstehen und dadurch Heilmethoden mitentwickeln und bekannt machen. Manche gründen oder unterstützen Selbsthilfegruppen und andere schreiben Bücher, um ihre Erfahrungen weiterzugeben. Alles, um anderen Menschen mit ähnlichen oder auch mit anderen gesundheitlichen Herausforderungen zu helfen."

„Genau das meine ich. Diese Seelen haben sich als Geschenk ausgesucht, anderen Menschen zu helfen und ihnen Mut zu machen. Und um wirklich Mut machen zu können, ist es oft erforderlich, dass ein Mensch vorher die gleiche Erfahrung durchlebt."

„Gabriel, ich bin ganz gerührt, dass eine Seele bereit ist, sich selbst solch heftigen Erfahrungen zu unterziehen, um anderen Menschen Mut zu machen! Wie sehr sich Seelen doch gegenseitig lieben müssen, um solche Geschenke auf die Erde zu bringen!"

„Ja, Feli, das stimmt. Und je mehr Menschen sich auf die Liebe ausrichten, desto mehr wird ihr ganzer Planet davon erfüllt."

„Und wie kann Leonie lernen, die verschiedenen Bedeutungen von Krankheiten zu entschlüsseln?"

„Das ist eine gute Frage, Feli. Zum einen kannst du ihr über Impulse dazu verhelfen, und zum anderen gibt es auch Menschen, die als Aufgabe gewählt haben, andere bei der ‚Übersetzung‘ zu unterstützen.“

„Wird Leonie auch solche Krankheiten haben?“

„Natürlich, Feli. Denn auch ihr Körper wird ihr helfen, ihre Geschenke zu verteilen und gewisse Erkenntnisse zu gewinnen, die ihr ansonsten sehr viel schwerer fallen würden.“

„Und was könnte das bei Leonie sein?“

„Bei Leonie könnte es beispielsweise sein, dass sie immer wieder Verspannungen im Rücken bekommt. Diese werden ihr dann jedes Mal einen Hinweis geben, wenn sie das Leben zu angespannt betrachtet. Denn schließlich hat sich Leonie ausgesucht, Leichtigkeit und Spaß vorzuleben.“

„Gabriel, ich weiß ja, dass alles seinen Sinn hat. Aber kann es nicht sein, dass es Leonie mit den Rückenschmerzen noch viel schwerer fällt, Leichtigkeit und Spaß zu empfinden und vorzuleben?“

„Du kannst dir das Ganze als eine Art Leitplanke vorstellen. Wenn ein Mensch mit seinem Auto die Leitplanke einer Straße berührt, dann verkratzt er sich die Seitenteile seines Wagens. Das ist einerseits sehr ärgerlich für den Fahrer, weil er Zeit und Geld investieren muss, um den Schaden reparieren zu lassen. Andererseits schützt ihn die Leitplanke davor, noch weiter von der Straße abzukommen. Im Vergleich dazu ist die Reparatur der Kratzer viel günstiger.“

„Du meinst also, Leonies Rückenschmerzen sind ‚Leitplanken‘, die verhindern, dass sie allzu weit von ihrem Weg abkommt?“

„Ja, und zugleich wird ihr das Rückenthema helfen, sich Zeit für Sport und Bewegung in der Natur zu nehmen. Durch diese Aktivitäten bekommt ein Mensch oft gute Inspirationen und neue Ideen. Gleichzeitig hilft es dabei, das Leben in seiner Gesamtheit zu erkennen. Würde Leonies Körper funktionieren wie eine Maschine, dann sähe sie vielleicht gar keinen Grund, solche Dinge zu unternehmen.“

„Das kann ich mir besonders bei sehr ehrgeizigen Menschen gut vorstellen. Aber sicherlich brauchen manche dazu die Hilfe der ‚Krankheitsübersetzer‘, die du vorher erwähnt hast. Kannst du mir noch mehr von ihnen erzählen?“

„Ja, gerne. Es sind Ärzte, Heilpraktiker, Medizinmänner, Heilerinnen, Schamanen ... Ihr Geschenk für die Menschen ist es, die Botschaft zu übersetzen, die der Körper vermitteln will, und sie bei der Heilung zu unterstützen.“

„Aber Gabriel, was ist denn mit den Ärzten, die ihr Augenmerk nur auf die Symptome richten? Manche von ihnen bestreiten jeglichen Zusammenhang zu Botschaften, leugnen die Heilkräfte der Natur und geben den Menschen einfach chemische Pillen! Und so seltsam mir die Verwendung von Chemie im menschlichen Körper auch scheint, ich habe gesehen, dass Menschen dadurch wieder gesund geworden sind.“

„Das sieht manchmal so einfach aus, Feli. Aber es werden und bleiben auf Dauer nur die Menschen gesund, die sich auch um die Ursache ihrer Krankheiten kümmern und ihr Leben entsprechend gestalten. Um diese Botschaft zu verstehen, bedarf es manchmal etwas Zeit. Lehnt der Mensch die Botschaft jedoch ab, verschiebt sich die Krankheit an einen anderen Ort im Körper, um weiter zu helfen.“

„Aber was ist eigentlich mit dem Glücklichsein während einer Krankheit? Ist das dann immer noch die wichtigste Aufgabe? Ich finde, dass man in dieser Zeit wirklich nicht auch noch verlangen kann, dass der Mensch sich auf das Glücklichsein konzentriert.“

„Verlangt wird es nicht, Feli. Es wird zu keiner Zeit verlangt. Doch noch mehr als in den ‚normalen‘ Zeiten, kann der Fokus auf das Glücklichsein den Menschen in schwierigen Situationen helfen. Denn es wird zu *jedem Zeitpunkt* das verstärkt, worauf sie ihr Bewusstsein richten.“

„Also bleibt es die wichtigste Aufgabe und der größte Schlüssel. Ich verstehe.“

Felicitas lässt die vielen neuen Informationen etwas wirken. Aber schon bald kommt dem neugierigen Engel die nächste Frage in den Sinn.

Leben in Frieden

„Gabriel, glaubst du, dass die Menschen irgendwann alle in Frieden miteinander leben werden?"

„Die Chance dazu haben sie. Aber möglich wird es erst dann, wenn die Menschen erkennen, dass jeder Einzelne von ihnen für den Frieden verantwortlich ist. Anstatt diese Verantwortung zu übernehmen, hoffen sie oft nur, dass der Friede für die ganze Welt irgendwann ‚vom Himmel fällt'."

„Können wir Engel denn dabei gar nicht helfen?"

„Natürlich können wir. Aber nur, indem wir die verschiedenen Geschenke bereitstellen. Du weißt ja schon, dass wir nur mit der Hilfe der Menschen etwas auf die Erde bringen und dort materialisieren können. Das heißt, sie brauchen uns und wir brauchen sie."

„Und welche Geschenke müssen auf die Erde gebracht werden, damit endlich alle in Frieden miteinander leben?"

„Die Hauptschlüssel für das Tor des Friedens heißen Liebe und Dankbarkeit. Manchmal verzweifeln aber sogar wir Engel hier im Himmel, angesichts der nie enden wollenden Kämpfe der Menschen. Immer und immer wieder schicken wir unzählige Seelen, die den Menschen Frieden vorleben und ihnen begreiflich machen sollen, dass Himmel und Hölle stets in jedem Einzelnen beginnen. Somit hat jeder Mensch sein eigenes Stück

Weltfrieden in der Hand. Denn wenn die Menschen dankbar sind, für all das Wunderbare in ihrem Leben, und jeder liebevoll mit sich selbst, seinem Partner, seiner Familie, seinen Freunden, Nachbarn und Kollegen umgeht - wie sollte da Krieg entstehen? Aber anstatt Frieden in ihre eigenen Kleinkämpfe und ihr nächstes Umfeld zu bringen, beschäftigen sich viele Menschen lieber damit, anderen die Schuld zu geben. Gott, den Politikern ...“

„Sind die Politiker denn nicht dafür verantwortlich, Gabriel? Sie sind es doch, die Menschen ausbilden lassen, wie man Kriege führt. Sie sind verantwortlich für die Produktion, den Ein- und Verkauf von Waffen und letztendlich den Befehl zum Angriff. Oder habe ich das falsch beobachtet?“

„Nehmen wir mal an, deine Aussage ist richtig. Wäre dann nicht auch jeder einzelne Mensch verantwortlich, der all das möglich macht? Kein Politiker kann alleine Waffen entwickeln, keiner kann sie alleine bauen - und wie groß wäre wohl ein Heer, welches nur aus der politischen Führungsspitze eines Landes besteht?“

„Wie dumm von mir, dass ich das nicht selbst gesehen habe! Entschuldige, Gabriel. Jetzt habe ich es aber verstanden. Und auch den Zusammenhang mit den einzelnen Lebenswegen, und weshalb es für die Seelen so gefährlich ist, sich durch die Machtspiele anderer Menschen von der eigenen Lebensaufgabe ablenken oder gar abbringen zu lassen.“

„Du brauchst dich nicht zu entschuldigen, Felicitas.

Manchmal wissen wir selbst schon gar nicht mehr, ob es zu schwierig oder zu einfach ist. Um den Menschen zu helfen, haben wir es sogar schon über die verschiedensten Glaubensgemeinschaften versucht, welche die Menschen im Laufe der Jahrtausende gebildet haben. Wir dachten, dass es auf diese Weise am leichtesten für sie zu verstehen wäre. Wir sandten hochentwickelte Seelen auf die Erde und gaben ihnen für die Menschen teils unerklärliche Fähigkeiten mit auf den Weg, um sie zum Frieden zu führen. Aber leider gab es dadurch nicht nur positive Veränderungen. Denn manche Menschen machten aus den Botschaften Dogmen, bauten Machtstrukturen auf und begannen diese zu missbrauchen. Andere verleugneten die Wahrheit der Botschaften nur deswegen, weil der Botschafter nicht aus ‚ihren Reihen‘ kam. Und das obwohl doch alles *eins* ist!"

„Schließlich bildet die Liebe ja die Grundlage jeder Glaubensgemeinschaft, oder?"

„Ja, so sollte es sein. Aber das Problem mit den Menschen ist, dass sie Dinge oft falsch verstehen *wollen*, nur um ihren eigenen Willen durchzusetzen und sich selbst Vorteile zu verschaffen. Und so ist es mit den Religionen wie mit so vielem. Es gibt eine Grundidee, die das Fundament bildet. Aber das Verstehen, die Ausführung und Umsetzung der Menschen entscheiden darüber, ob das Gebäude eine schützende Herberge wird oder ein Gefängnis. So gibt es unzählige Gruppen, die eigentlich dazu gebildet wurden, Menschen zu schützen und ihnen zu helfen. Doch im Extremfall wurden genau von diesen Gruppen später andere Menschen aus ihrem Umfeld verdrängt oder gar getötet, nur weil sie der Gruppe nicht beitreten oder auf Dauer dort bleiben wollten."

„Und so kann sich aus jeder guten Idee durch falsches Verständnis eine negative Umsetzung entwickeln", fasst Felicitas zusammen.

„Doch jeder Mensch hat die Fähigkeit, tief in sich hineinzuspüren und zu erkennen, welches Verhalten und welche Werte die richtigen sind. Aber manche Menschen trennen sich durch ihre Ängste so sehr von ihrem göttlichen Kern, dass es ihnen immer schwerer fällt, die Wegweiser zu erkennen."

„Sind es nur die Ängste, Gabriel? Ich dachte es sind Eigenschaften wie Gier, Machtbesessenheit und Missgunst, die sie von ihrem Weg abbringen."

„Sehen wir uns doch deine Beispiele einmal an. Ist ein Mensch nicht deshalb gierig, weil er Angst hat, dass er nicht genug bekommt? Ist ein Mensch nicht deshalb machtbesessen, weil er Angst hat, dass er ohne die Ausübung von Macht nicht gesehen und gehört wird? Hegt ein Mensch nicht deshalb Missgunst gegen andere, weil er Angst hat, dass er übervorteilt wird und schlechter gestellt ist als andere?"

„Wow, du hast Recht, Gabriel, hinter all diesen Gefühlen steht die Angst. Aber wie ist es mit den anderen Widrigkeiten im Leben der Menschen?"

„Widrigkeiten dienen manchmal dazu, ein noch stärkeres Ergebnis zu erzielen. Genauso wie scheinbar Negatives nur dazu da ist, um noch mehr Positives hervorzubringen. Und oft sehen die Menschen Dinge auch nur deshalb als Widrigkeit, weil sie sich lediglich auf die Erreichung eines ganz bestimmten Zieles fokussieren. Besser wäre es, die gesamte Erfahrung zu betrachten, welche die Situation ihnen bietet. Und manchmal ist einfach die Zeit noch nicht reif. Aber die Menschen haben die Chance - und das auch in jeder noch so schlechten Situation - zu erkennen, was sie daraus lernen können. Dadurch gewinnen sie immer und bergen so manchmal die größten Schätze!“

Felicitas entfährt ein leichtes Stöhnen. „Gabriel, für einen neuen Schutzengel war das jetzt etwas viel auf einmal ...“

„Entschuldige, kleine Feli. Ich erkläre es dir an einem Beispiel. Nehmen wir mal an, Leonie ist erwachsen und hat das Gefühl, gerne eine andere Aufgabe übernehmen zu wollen, und möchte sich deshalb beruflich verändern. Sie macht sich auf die Suche und findet eine Stelle, die ihr sehr gefällt und die sie nun unbedingt haben möchte. Anfangs sieht es sehr gut für sie aus, aber dann bekommt eine andere Person die Anstellung, weil für Leonie etwas anderes besser passt. Sei es eine andere Stelle, ein anderes Aufgabengebiet, ein anderes Unternehmen oder eine Selbständigkeit.“

„Aber warum hatte es dann anfangs so gut für Leonie ausgesehen? Damit wurde ihr doch das Gefühl vermittelt, sie sei auf dem richtigen Weg!“

„Das ist sie ja auch. Aber der Weg endet eben nicht in diesem Job, sondern führt sie noch weiter.“

„Wäre es nicht einfacher, den Menschen nur dann ein gutes Gefühl zu geben, wenn sie schon *ganz richtig* sind? Denn oft sind sie danach so fürchterlich enttäuscht."

„Was würde wohl passieren, wenn das Vorstellungsgespräch ganz schlecht gelaufen wäre? Würde Leonie dann mehr oder weniger Motivation haben, weiterhin eine Veränderung anzustreben?"

„Jetzt habe ich es verstanden, Gabriel. Leonie hätte wohl beim nächsten Angebot, das für sie vielleicht viel besser passt, keinen Mut mehr für eine Veränderung."

„Und so ist es nicht nur bei beruflichen Projekten, sondern bei allem, wonach die Menschen im Laufe ihres Lebens streben. Es können Beziehungen sein, Wohnungen, neue Projekte jeglicher Art ... Mit den sogenannten Übungssituationen können Menschen lernen, ihren Mut und ihr Selbstwertgefühl zu stärken. Denn das ist oft notwendig, damit alles gut klappt, wenn der wirklich passende Job, Auftrag, Kunde oder Partner vor der Türe steht."

„Gut, dass du mir das erklärt hast, Gabriel. Ich hatte das völlig falsch verstanden. Deshalb taten mir die Menschen immer so fürchterlich leid, wenn sie ,enttäuscht' wurden."

All-Eins-Sein

Felicitas, die gerade schon wieder überlegt, wie sie all das Gelernte auf ihren Schützling übertragen kann, bekommt plötzlich leuchtende Augen. „Leonie werde ich in schwierigen Situationen immer zuflüstern, worum es wirklich geht, und ihr weiterhin Mut machen."

Gabriel nickt. „Das ist eine gute Idee, Feli. Doch du weißt, dass auch zu diesem Zeitpunkt das Gesetz des freien Willens greift."

„Weil Leonie sich entscheiden kann?"

„Genau, denn auch hier gibt es zwei Möglichkeiten für Leonie. Entweder sie beginnt zu zweifeln, traurig zu werden, sich zu ärgern und somit alle energetischen Verbindungskanäle zu verschließen, oder sie vertraut deiner Stimme und richtet sich positiv aus."

„Und in diesem Fall bekommt sie neue Ideen, wie sie ihr gewünschtes Ziel erreicht. Oder welche Ziele noch viel besser für sie sind."

„Und dazu brauchen wir manchmal die Menschen ganz für uns, ohne dass etwas anderes ihre Aufmerksamkeit auf sich zieht."

„Das heißt, Leonie muss dafür alleine sein?"

„Es sind die Momente, in denen das Alleine-Sein in ein All-Eins-Sein übergeht, wodurch der Mensch

wieder die Verbindung mit der Schöpfung fühlen kann. Was aber nicht unbedingt heißt, dass Menschen viel alleine sein müssen. Jeder Mensch spürt selbst, wann Zeit ist, sich mit Menschen zu umgeben, und wann Zeit ist, All-eins zu sein mit sich und der Schöpfung."

„Und wenn ich Leonie ganz dringend etwas sagen möchte, sie aber ihrem Gefühl nicht folgt, sondern sich ständig mit Menschen umgibt?"

„Dann hast du ein paar Hilfsmittel."

„Ui, jetzt wird es spannend!"

„Wenn Leonie keine Zeit hat, weil sie sich mit so vielen Menschen trifft, kannst du es arrangieren, dass Freunde ein Treffen absagen. Dadurch verbringt Leonie den Abend zuhause und hat somit die Chance zum All-Eins-Sein."

„Und wenn zu viele Aufgaben Leonie davon abhalten, dass sie Zeit für mich hat?"

„Dann kannst du, wenn sie schläft, durch Träume zu ihr sprechen. Und wenn ihr die nötige Offenheit für die Träume und deren Verständnis fehlt, hast du immer noch die Möglichkeit, ihr eine Krankheit zu schenken."

„So wie du vorher schon erklärt hast ... Wobei es mir immer noch lieber wäre, sie würde mir ohne Krankheit zuhören und die Zeichen verstehen. Aber wenn es nicht anders geht, werde ich ihr eine Krankheit schenken."

„Interessant ist auch, dass Menschen nach einer Krankheit meist wesentlich offenere Kanäle haben. Sie erkennen wieder viel klarer, was wirklich eine Rolle in ihrem Leben spielen sollte. Und anstelle von Selbstverständlichkeit tritt wieder Dankbarkeit in ihr Leben. Und Dankbarkeit zählt zu den größten ‚Türöffnern‘ für die Menschen.“

„O Gabriel, so betrachtet ist das mit einer kleinen Krankheit wirklich eine wunderbare Sache! Und jetzt verstehe ich auch, warum so manches positiv für die Menschen ist, das zuerst negativ aussieht!“

„Genau, Feli. Und wenngleich Leonie Situationen erleben wird, in denen es länger dauert, bis sie die positive Seite erkennen kann - es gibt sie immer! Denn egal wie seltsam manche Geschenke verpackt sind - es sind und bleiben Geschenke. Doch solange die Menschen sich nur auf das Negative ausrichten, können sie auch nur das Negative sehen. Es denken jedoch immer mehr von ihnen um. Nehmen sich Zeit. Betrachten Dinge von anderen Standpunkten. Und dann öffnet sich für sie die nächste Türe. Und dahinter liegen viele Möglichkeiten, Chancen, Freundschaften, Freude, Glück ...“

Gefühle und Gedanken

Felicitas runzelt die Stirn. „Was mir aber immer noch ein Rätsel aufgibt, Gabriel, das sind die Gefühle der Menschen. Manchmal sind sie mit sich selber ganz zufrieden, glücklich und noch recht vergnügt, und plötzlich kommt ihnen ein Gedanke, eine Erinnerung oder etwas von außen. Ein Lied, ein Geruch oder ein Gegenstand, der ihnen gerade in die Hände fällt, und das zieht sie dann wie ein Sog nach unten. Bei manchen Menschen reicht sogar schon das kleinste Missgeschick aus, sie Stunden oder sogar Tage betrübt zu machen."

„Gefühle sind oft Prüfungen oder selbst erschaffene Hindernisse der Menschen. Hierfür gibt es auch einen Schlüssel, und der ist wieder sehr einfach: **Gefühle im Sinne von Gefühlswellen kannst du dir nicht immer aussuchen - wie lange du sie behalten möchtest schon.**"

„Das scheint mir nicht so einfach, wie es sich anhört."

„Doch Feli, das ist es. Ich gebe dir ein Beispiel. Nehmen wir an, Leonie wird plötzlich ganz traurig, weil sie an einen bestimmten Menschen denkt und ihn vermisst. Sei es, weil sie durch unterschiedliche Aufgaben auf Erden gerade getrennt sind oder weil der andere Mensch seine Reise auf Erden schon beendet hat."

„Aber Gabriel, es ist doch verständlich, wenn Menschen traurig sind, weil sie einen Weggefährten vermissen."

„Natürlich ist das verständlich. Und es steht auch jedem Menschen zu, so lange zu trauern, wie es sein Bedürfnis ist. Aber was glaubst du, ist besser: Sich darauf zu konzentrieren, wie traurig oder sogar schmerzhaft es ist, diesen Menschen nicht mehr in physischer Qualität um sich zu haben, oder daran zu denken, welch glückliche Stunden oder sogar Jahre man zusammen hatte? Was man alles mit diesem Menschen erlebt und gelernt hat? Welche Bereicherung er für das eigene Leben war und vielleicht auch immer noch ist?"

„Ok, ok, das ist wieder der Schlüssel: Worauf du dich ausrichtest, bestimmt dein Leben. Es wird also Situationen geben, in denen Leonie es nicht vermeiden kann, dass sie von Gefühlswellen wie Traurigkeit oder Wut eingehüllt wird. Aber sie kann sich aussuchen, wie lange sie in diesem Bewusstseinszustand leben will."

„Und wenn Leonie lernt, so viel wie möglich in der Gegenwart zu leben, bleibt ihr auch die meiste Kraft dazu."

„Wie meinst du das: Die meiste Kraft, wenn sie in der Gegenwart lebt? Wo soll sie denn sonst leben?"

„Schau Feli, der heutige Tag ist morgen schon Vergangenheit und somit Geschichte. Er gehört zum Leben der Menschen und natürlich beeinflussen ihre Taten von gestern das Heute. Aber die Vergangenheit ist nicht mehr zu ändern. Trotzdem verbringen manche Menschen viel Zeit damit. Und ich meine damit nicht die schönen Erinnerungen, welche ihnen Kraft und gute Energien schenken. Ich meine dieses Grübeln und Infragestellen. Sie sitzen da, mit großen Sorgenfalten auf der Stirn, und überlegen, was gewesen wäre, wenn ... sie dies oder jenes anders gemacht, diesen oder jenen Menschen anders behandelt hätten ... Natürlich ist es für ein ganzheitliches Weiterkommen der Menschen wichtig, dass sie immer wieder innehalten und verschiedene Situationen noch einmal betrachten. Wenn sie diese jedoch verstanden und die Lektion gelernt haben, ist es wichtig, loszulassen und weiterzugehen. Manche Menschen sperren sich in gedankliche Höllen, wo sie sich selbst mit ihren Vorwürfen und Anschuldigungen quälen. Weißt du, Feli, damit ist niemandem gedient. Es gilt, bewusst die Gegenwart zu nutzen, und jeden Tag so gut zu leben, wie es eben geht. Und das ist auch viel wichtiger, als sich ständig mit Zukunftsplänen zu beschäftigen."

„Aber Gabriel, ich dachte, dass die Menschen sich durch Gedanken und Gefühle ihre Zukunft selbst erschaffen. Ist es da nicht das Beste, was sie tun können, über ihre Zukunft nachzudenken, zu träumen und sich diese somit zu kreieren?"

„Natürlich wird die Zukunft durch Gefühle und Gedanken erschaffen und geformt. Jeder positive Gedanke ist wie ein Baustein für ein Haus. Aber gebaut werden kann ein Haus immer nur im Heute. Und das gilt für jegliche Manifestation. Denn was würde es bringen, wenn es das neue Haus immer nur morgen geben würde, aber niemals heute? Verstehst du, was damit gemeint ist?"

Felicitas nickt. „Es ist also wichtig, die Vergangenheit zu verstehen und die Zukunft zu planen, aber das Allerwichtigste ist es, den heutigen Tag so gut zu nutzen, wie es geht.“

„Den Menschen ist es natürlich freigestellt, wo sie sich gedanklich aufhalten. Aber mit jedem Gedanken, den sie nicht auf das Heute ausrichten, bleibt ihnen weniger Kraft, um die Gegenwart optimal zu nutzen und auch zu genießen.“

„Gabriel, zur Kraft habe ich auch noch eine Frage. Denn ich beobachte immer wieder, dass Menschen versuchen, die strahlende Kraft ihrer Mitmenschen zu verdrecken und zu schmälern. Dabei sehe ich, wie ihr eigenes Licht schwächer wird, und sie dadurch noch ärgerlicher oder trauriger werden.“

„Ich weiß, was du meinst. Es sind die Menschen, die selbst ihre Leuchtkraft und Energie verlieren, weil sie ihren Weg verlassen und das Glücklichsein vergessen haben. Manche können aus diesem Grund das Leuchten der anderen Menschen kaum mehr ertragen. Und anstatt selbst wieder Energie aufzubauen, versuchen sie diese von anderen zu bekommen oder deren Energie zu drücken, indem sie ihnen die Freude vermiesen. Was wirklich sehr traurig ist, weil die Menschen in erster Linie füreinander da sind, um sich gegenseitig weiterzubringen, glücklich zu sein und auch um Spaß miteinander zu haben.“

„Ui, Spaß ist sensationell! Da werden ihre Energiefelder so groß und strahlend, dass sie bis zum Himmel leuchten!“

„Und manchmal, wenn sie diese besonderen Momente im Herzen spüren, dehnt sich ihr Energiefeld so weit aus, dass sie keine Trennung mehr wahrnehmen."

„Ich habe Menschen gesehen, die fast nicht mehr wissen, ob sie lachen oder weinen sollen, weil dieses Gefühl sie so berührt."

„Ja, weil sie miteinander verschmelzen. Und so passiert etwas, das einer alleine nicht schaffen kann. Das Gleiche gilt für manche ihrer Aufgaben. Hierzu zählen Entwicklungen, zu denen ein Mensch alleine nicht fähig ist. Er braucht dazu andere Menschen, die ihm helfen."

„Aber das, was ich vorher vom Machtkampf der Menschen beschrieben habe, sieht mir ganz und gar nicht nach Hilfe aus."

„Und zwar deshalb, weil die Menschen sich auch hier wieder frei entscheiden können, ob sie etwas positiv oder negativ leben. Aber lass uns erst mal vom Besten ausgehen, also davon, dass eine Seele der anderen helfen will. Nehmen wir an, eine Seele entscheidet sich, das Geschenk Frieden auf die Erde zu bringen. Also Frieden vorzuleben und somit andere Seelen vom Weg der Gewalt zurückzubringen. Jetzt kommt diese Seele in einer friedlichen Familie zur Welt, hat friedliche Freunde, friedliche Kollegen, friedliche Nachbarn ... Kannst du dir vorstellen, was die anderen Menschen dann denken werden?"

„Na ja, vielleicht werden sie sagen, dass es unter diesen Lebensumständen ja auch besonders einfach ist, Frieden zu leben.“

„Ganz genau. Und so könnte diese Seele nicht weitergeben, was sie sich ausgesucht hat. Also braucht sie eine andere Seele.“

„Und diese Seele muss dann mit ihr streiten?“

„Der richtige Umgang mit Streit ist eine von unzähligen Möglichkeiten, die Friedfertigkeit eines Menschen zu entwickeln. Und je größer die Herausforderung ist, den Frieden zu bewahren, oder auf friedliche Weise anstatt mit Gewalt zu ‚kämpfen‘, desto größer ist die Entwicklungschance.“

„Und um so mehr werden andere Menschen dadurch ermutigt, selber auch kritische Situationen friedlich zu lösen?“

„Genau wie bei Leonies Umsetzung ihrer Aufgabe. Denn aus diesem Grund wurde kreiert, dass Leonies Familie sie halten möchte, anstatt sie bei der Verfolgung ihres eigenen Lebenswegs zu unterstützen.“

Prüfungen

„Wird es der Familie meines Schützlings denn gelingen, trotz aller Herausforderungen ein gutes Verhältnis zu bewahren und Frieden zu leben?"

„Feli, was im Leben der Menschen passiert, ist nur bedingt vorherzusagen. Doch sicherlich wird diese Phase in Leonies Leben zu ihren größten Prüfungen und zugleich zu ihrer größten Chance werden."

„Du meinst Chance, wenn sie die Prüfung besteht?"

„Bestehen würde ich es nicht nennen, Feli. Denn dann gäbe es ja nur ein Richtig oder ein Falsch. Und in Wahrheit gibt es einfach verschiedene Möglichkeiten und Wege."

„Habe ich richtig beobachtet, dass es die Menschen am schlimmsten trifft, wenn es um Trennung, Scheidung oder Streitigkeiten in der Familie geht, die mit Geld zu tun haben?"

„Ja, oft. Wobei das Geld einfach nur eine Art von Energie ist, die manches ein bisschen deutlicher aufzeigt."

„Und was zeigt es genau auf?"

„Meistens zeigt es ein fehlendes Gleichgewicht auf. Denn bei Familien-Geld-Themen kommt oft ans Tageslicht, dass Menschen schon länger das Gefühl hatten, die Beziehung befinde sich nicht im Gleichgewicht. Das bezieht sich auf jegliches Geben und Nehmen von Energie. Es kann Liebe sein, Loyalität, Taten, Zeit ... Und dieses Ungleichgewicht versuchen die Menschen dann zu diesem späteren Zeitpunkt durch den Kampf um Geld wieder herzustellen."

„Aber funktioniert das denn, Gabriel?"

„Die Menschen glauben es. Und deshalb stecken sie oft sehr viel Energie in diese Kämpfe. Aber egal, was bei diesen Kämpfen herauskommt: Das innere Gleichgewicht kann dadurch nicht hergestellt werden. Oft passiert sogar das Gegenteil."

„Und warum?"

„Weil die Menschen sich in Wirklichkeit nicht nach dem Geld sehnen, sondern nach Liebe - und genau die wird durch solche Kämpfe immer weniger."

„Aber in der Vergangenheit gab es diese Liebe ja!"

„Und gerade *weil* sie den Partner oder die Familienmitglieder einmal liebten, öffneten sie ihr Herz besonders weit. Wenn sie sich dann von diesen Menschen nicht mehr verstanden oder gar verraten fühlen, kippen manche Menschen in die Angst. Und durch diese Angst trennen sie sämtliche Verbindungen. Allem voran trennen sie sich jedoch von der Liebe. Und in Momenten, in denen sie keine Liebe mehr *in sich* spüren können, ist es auch nicht mehr möglich, Liebe und Wohlwollen für andere zu spüren."

„Gabriel, das würde ja bedeuten, dass die Menschen, die in den beschriebenen Situationen sehr hart reagieren, sich sehr tief verletzt fühlen."

„Ja, so ist es, mein kleiner Schutzengel."

„Und in diesem Stadium ist ein Mensch dann wohl ganz weit weg von seinem Schutzengel und von seiner wichtigsten Aufgabe, dem Glücklichsein ..."

„O ja, das ist er leider."

„Aber warum sind denn die Familien trotz allem so wichtig für die Menschen?"

„Weil die Familie ganz besondere Heil- und Entwicklungschancen bietet. Von manchen Entwicklungen wissen die Seelen, dass sie auf Erden sehr schwierig sein werden. Deshalb besteht die Gefahr, dass der ‚Botschafter', von dem ich dir später noch erzählen werde, immer wieder weggeschickt wird. In der Familie ist ein solches Wegschicken nicht wirklich möglich. Durch die spezielle energetische Verbindung bleiben Familienmitglieder immer miteinander verbunden. Und je mehr sie versuchen, sich zu trennen, bevor sie die Aufgabe gelöst haben, desto mehr verknotet sich die Verbindung. Und umso schwerer wird es für sie, Freiheit zu spüren."

„Aber wir haben doch gerade darüber gesprochen, dass manche Menschen solche Angst haben und dadurch gar keine Heilung mehr möglich ist. Dann kann doch nicht einmal mehr ein Schutzengel helfen."

„Heilung ist *immer* möglich.“

„Immer? Wirklich immer? Aber was ist, wenn ein Mensch alles versucht, um Frieden herzustellen, und ein anderer Mensch nicht im Geringsten dazu bereit ist?“

„Hier sind wir wieder bei einem der großen Lebensschlüssel, liebe Felicitas.“

„Und der lautet?“

„Die Aufgabe eines Menschen ist nicht, alle Menschen dazu zu bewegen, mit *ihm* in Frieden zu sein. Die Aufgabe ist lediglich, dass ein Mensch *mit sich selbst* und *mit den anderen Menschen* in Frieden ist. Das geht oft nur schrittweise und kann auch sehr lange dauern. Aber wenn ein Mensch seine Waffen ‚niederlegt‘ und sich dafür entscheidet, den Frieden in seinem Inneren wiederherzustellen, dann ist der wichtigste Schritt getan. Manchmal dauert es lange, bis die Spuren der Kämpfe beseitigt sind. Und man könnte es mit echten Kriegen vergleichen. Alles Zerstörte muss wieder aufgebaut, ‚Bomben‘ entschärft und Verletzungen geheilt werden ... Doch durch diese Arbeit ist es möglich, eine neue Basis zu schaffen, mit der manchmal sogar viel mehr erreicht werden kann als mit der alten. Weil es eine Erfahrung gibt, aus der geschöpft werden kann. Und diese Erfahrung bewahrt im besten Fall vor einem weiteren Krieg, der viel schlimmere Folgen hätte.“

„Aber trotzdem treffen die Menschen doch immer wieder auf neue Herausforderungen. Hört das denn niemals auf?“

Gabriel lacht. „Nein, Feli. Niemals. Das ist es, was die Seelen sich ausgesucht haben.“

55

Wandlungsphasen

Felicitas Stirn liegt immer noch in Falten „Welchen Anreiz haben die Menschen eigentlich sich zu entwickeln, wenn die Herausforderungen doch nie aufhören?"

„Der Grund ist einfach: **Wenn die Menschen gewisse Entwicklungsstufen erreicht haben, können sie die Herausforderungen annehmen, ohne sich jedoch damit zu identifizieren. Und dadurch sind sie frei.**"

„Gabriel, ich kann es kaum beschreiben, aber das, was du gerade erklärt hast, fühlt sich an wie das Paradies!"

„Ja, Feli, es ist das Paradies! Und es gibt kaum ein wertvolleres Gefühl für die Menschen als diese Wahrnehmung. Denn durch dieses Gefühl der Freiheit spüren sie den Himmel in sich selbst. Somit sind sie wieder eins mit der Schöpfung und dadurch pure Liebe!"

„Das heißt, dass sie ab diesem Zeitpunkt immer wie im Himmel leben ..."

„Nein, Feli, *das* heißt es nicht!"

„Aber du hast doch gesagt ..."

„Ich habe gesagt, dass sich ihnen die Möglichkeit bietet. Diese können sie nutzen, so oft sie möchten. Und wir freuen uns für jeden Menschen, der dieses Gefühl in seinem Leben kennenlernt. Denn in diesen Momenten sind die Menschen eins mit der Schöpfung und dadurch erleben sie den Himmel auf Erden. Aber zum einen bedeutet es noch lange nicht, dass die Menschen alle Möglichkeiten nutzen, die sie haben, was mit dem freien Willen zusammenhängt. Und zum anderen hängt es von ihrer Entwicklungsstufe ab, wie lange sie in diesem Bewusstseinszustand bleiben können, ohne sich selbst wieder davon abzulenken."

„Vom Himmel ablenken? Warum machen sie das Gabriel?!"

„Weil sie wieder beginnen, sich zu identifizieren. Mit ihrem Ego, ihren materiellen Wünschen, mit ihren Zweifeln ... Und auch weil sie sich nicht trauen zu glauben, dass das Leben so einfach und wunderbar sein darf."

„Aber ich kann Leonie ja wieder helfen sich daran zu erinnern, oder?"

„Ja, das kannst du, Feli. Und wenn Leonie ihre innere Stimme, also deine, nicht wahrnimmt, kannst du ihr auch noch im Außen helfen."

„Und wie?"

„Durch Situationen mit anderen Menschen."

„Wird das für Leonie leichter oder schwieriger?"

„Das kommt darauf an, Feli. Nehmen wir mal die Phase in Leonies Leben, in der es Zeit für sie wird, Bücher zu schreiben."

„Oh, da wird sie sich aber freuen!"

„Das kann sein. Aber vielleicht bekommt sie auch plötzlich Angst, ihr Geschenk zu verteilen, und beginnt, an ihren Talenten und ihrem Weg zu zweifeln. Ein ähnliches Beispiel wäre ein Mensch, der eine wunderschöne Skulptur für einen Freund zum Geburtstag herstellt. Auf dem Weg zur Feier überlegt er plötzlich, was die anderen wohl sagen werden. Denn vielleicht finden sie es ja lächerlich ... Und schon beginnt der Kampf zwischen Vertrauen und Zweifel. Genau in diesen Phasen beginnen die Menschen manchmal, ihre innere wahre Stimme zu ignorieren. Und dann kommen die Botschaften und die Botschafter ins Spiel."

„Das hört sich ja wieder spannend an, Gabriel! Wie funktioniert das?"

„Bei Leonies Büchern geht es um Kreativität, für die sie sich von ihrem jetzigen Beruf trennen und die Weichen neu stellen muss. Um dies zu erkennen und zu verändern, gibt es eine bestimmte Zeitspanne."

„Und woran wird sie das erkennen?"

Gabriel lacht. „Das ist eine der einfachsten Botschaften, die es gibt. Es wird ihr immer weniger Spaß machen."

„Das ist ja wirklich einfach."

„Ja, und ich meine damit nicht, dass die Freude am Beruf für eine kurze Phase nachlässt. Ich spreche davon, dass die Freude über einen längeren Zeitraum nicht mehr aufkommt. Aber auch hier kannst du Leonie wieder helfen, wenn sie es braucht."

„Und wie?"

„Indem du ihr Mut machst. Denn oft verwenden die Menschen Unmengen an Energie, um ungute Situationen auszuhalten, nur weil sie nicht genug Mut haben, Veränderungen anzupacken."

„Gabriel, und wie genau kann ich Leonie Mut machen?"

„Du kannst deinen Schützling mit anderen Künstlern zusammenzuführen. Zum Beispiel mit einer Komponistin, die ebenfalls ihren früheren Beruf aufgegeben hat, damit sie ihr wahres Talent leben kann. Wenn Leonies Herz durch die Musik der Frau berührt wird, kannst du sie durch dieses Vorbild ‚ziehen'. Deshalb nennen wir es Zug-Motivation."

„Ui, das ist ja ein lustiges Wort, Gabriel."

„Und sollte das nicht greifen, kannst du zur Schub-Variante übergehen."

„Das heißt ich brauche jemanden, der Leonie schiebt? Wie funktioniert das?"

„Wenn es Zeit ist, dass Leonie ihren Beruf wechselt, kannst du immer mehr unangenehme Situationen kreieren, um sie aus ihrem jetzigen Unternehmen rauszuschieben. Ist Leonie in einer Firma angestellt, könntest du sogar arrangieren, dass sie von ihrem

Chef gekündigt wird. Und auf diese Weise schiebst du sie aus der Situation, die Leonie ändern soll, raus. Deswegen Schub-Motivation."

„Das ist ja echt genial! Aber bist du dir sicher, dass Leonie in einem solchen Fall nicht ihrem Chef die Schuld geben würde?"

„Genau hier sind wir wieder bei den Schlüsseln des Lebens. Wenn Leonie ins Verurteilen geht, wird es immer schwieriger für sie. Wenn es ihr jedoch gelingt, wieder offen für deine Stimme zu werden, kannst du ihr erklären, dass ihr Chef nur der Überbringer einer Botschaft für sie war."

„Also ist die scheinbare Herausforderung, wie in diesem Fall die Kündigung, in Wirklichkeit eine Botschaft, klar!"

„Du kannst dir das vorstellen wie einen Brief, der sich durch Leonies Verstehen in einen Schlüssel verwandelt."

„Ach, und deshalb sitzen manche Menschen so lange vor einer Türe! Weil sie die Botschaft nicht verstehen und es ihnen deshalb nicht möglich ist, sie zu öffnen!"

„Wunderbar erkannt, Feli! Du wirst der beste Schutzengel, den Leonie sich wünschen kann!"

„Und was ist, wenn Leonie aufhört, sich um den Schlüssel für diese Türe zu bemühen, und einfach einen anderen Weg nimmt?"

„Dann wird der Weg sie über kurz oder lang genau zu dieser Türe zurückführen. Und sie wird immer wieder die gleichen Situationen erleben, bis sie sich um den Schlüssel bemüht und bereit ist, ihren Weg weiter zu gehen."

Beziehungen und Freundschaften

„Gabriel, ich möchte dich gerne noch etwas zu den Menschen fragen, die Leonie Botschaften überbringen. Wodurch entscheidet sich, ob diese nach der Übergabe wieder aus ihrem Leben verschwinden oder ob sie bleiben und zu Freunden werden?“

„Das hängt davon ab, wie Leonie die Botschaft aufnimmt, die ihr überbracht wird. Bei den positiven Botschaften ist es natürlich leichter als bei denen, die Entwicklungsbedarf mit sich bringen. Aber in beiden Fällen haben die Seelen die freie Wahl, wie lange sie den Weg des Lebens zusammen gehen.“

„Und wofür sind die Freundschaften der Menschen eigentlich genau da?“

„Freundschaften sind in erster Linie dazu da, das Leben der Menschen zu bereichern. Sie sollen es schöner und leichter machen. Schöner, weil die Menschen Positives noch intensiver erleben können, wenn sie es mit Freunden teilen. Und leichter, weil Freundschaften in schwierigen Zeiten ein Auffangnetz bilden. Außerdem weißt du ja, dass jede Seele Mitspieler braucht, die ihr helfen, das Geschenk an die Menschheit zu verteilen, und auch die dafür nötigen Entwicklungsschritte zu machen. Und viele dieser Entwicklungen können sehr gut innerhalb von Freundschaften erlangt werden.“

„Und bei Freunden kann sich Leonie bestimmt viel leichter vorstellen, dass sie es gut mit ihr meinen, stimmt's?“

„Ja genau, deshalb sollten Lernprozesse innerhalb von Freundschaften leichter für die Menschen sein. Wobei es leider auch passiert, dass Menschen sich nicht mehr, wie es der Name schon sagt, Freude schaffen, sondern sich nur noch auf die eigenen Vorteile konzentrieren.“

„Warum passiert das, Gabriel?“

„Wenn Menschen nicht mehr das Gute in anderen und an Situationen sehen können, lassen sie sich von der Angst beherrschen. Der Angst, dass sie selbst zu kurz kommen, dass das Glück des anderen ihr eigenes schmälert, und der Angst, dass die Erfolge eines anderen ihre eigenen in den Schatten stellen könnten. Aus dieser Angst heraus entstehen Missgunst, Neid und irgendwann sogar Hass.“

„Manche Menschen sehen so aus, als ob ihnen das niemals passieren könnte.“

„Ich weiß, doch das ist in Wirklichkeit eine sehr große Gefahr. Denn wo Licht ist, gibt es Schatten, sagt ein Sprichwort der Menschen. So ist es normal und gehört zu dem Spiel, das sich die Seelen ausgesucht haben, dass sie beispielsweise ein Gefühl des Neides in sich spüren. Und kein Mensch ist davon ausgenommen. Es gibt lediglich zwei Möglichkeiten, wie dein Schützling damit umgehen kann. Eine ist der Versuch, es zu leugnen. Damit jedoch würde Leonie die Chance ablehnen, die sich ihr bietet. Wodurch sich der Schatten in diesem oder einem ähnlichen Bereich immer größer zeigen würde. Die zweite Möglichkeit ist, das Gefühl einfach wahrzunehmen, ohne es zu bewerten. Denn, und das vergessen die Menschen oft, das Gefühl an sich ist nicht schlecht, sondern nur das, was sie daraus machen."

„Und wie geht es dann weiter, wenn Leonie erkennt, dass sie auf jemanden neidisch ist?"

„Dann schick ihr den Impuls, sich selbst zu fragen, worauf genau sie neidisch ist."

„Und damit kommt sie weiter?"

„Ja, weil sie damit, anstatt den Knoten noch fester zu ziehen, an dessen Lösung arbeitet. Nehmen wir ein Beispiel mit Geld, weil das für die Menschen immer besonders spannend ist: Angenommen, Leonie hat eine Freundin, die viel mehr Geld verdient als sie und die sich dadurch viel mehr leisten kann. Wenn Leonie jetzt ihrer Angst die Oberhand lässt, wird sie zu Aussagen tendieren wie: Das ist ja nur, weil ihre Eltern ihr zu einem Studium geraten und ihr alles finanziert haben. Oder: Der Job ist ja nur ein Glücksfall ... Das Schlimme daran ist jedoch, dass Leonie nur in zweiter Linie ihrer Freundin und auch der Freundschaft schaden würde. Denn natürlich wird diese ihre Gedanken auf irgendeine Weise wahrnehmen. Doch in erster Linie würde sich Leonie damit selbst schaden. Denn in Wirklichkeit trübt ein Mensch immer das eigene Licht, wenn er es bei einem anderen versucht."

„Und was wäre die Lösung für solch einen Fall?"

„Die Lösung wäre, dass Leonie sich bewusst macht oder ihre Freundin fragt, wie sie es geschafft hat, jetzt so viel Geld zu verdienen. Hierauf erfährt sie vielleicht, dass ihre Freundin sehr wenig Freizeit hat oder über eine gewisse Zeit hatte, um diesen Erfolg zu erreichen. Vielleicht erfährt sie, dass es schon ganz andere finanziell sehr schlechte Zeiten gab. Oder sie erfährt, dass sie sehr mutig war, in diesen Beruf zu wechseln, oder es jeden Tag Mut erfordert, dort zu bleiben. Oder aber sie hört von ihrer Freundin, dass die Freude, die sie bei ihrer Arbeit empfindet, sie einfach trägt. Dass es ihr deshalb so leicht fällt, viel zu arbeiten oder auch in ganz wenig Zeit viel zu erreichen, weil es ihr so viel Spaß macht, das zu tun, was sie tut."

„Wow, wenn ein Mensch das hört, bieten sich ihm ja eine ganze Menge Chancen, die Erfahrung eines anderen zu nutzen, um selbst voranzukommen."

„Und deshalb bleibt die Chance auch so lange, bis der Mensch sie nutzt."

„Heißt das in diesem Fall, der Neid würde bleiben?"

„Ja, er würde bleiben oder immer wieder zurückkommen. Und jedes Mal würde er größer werden."

„Und Leonie würde noch mehr Mut dafür brauchen."

„So ist es."

„Und was passiert mit Freundschaften, in denen solche Gefühle nicht umgewandelt werden? Die gehen doch kaputt, oder?"

„Ja, das ist sehr wahrscheinlich. Doch um die Chance nutzbar zu machen, wird der Mensch so lange Personen anziehen, die ihm Möglichkeiten bieten, es zu lösen. Aber um deine Frage mit den Freundschaften zu beantworten: Manche Freundschaften sind nur für eine bestimmte Zeitspanne angelegt, um sich gegenseitig irgendetwas aufzuzeigen. Manche Menschen treffen sich sogar nur für wenige Stunden oder gar Augenblicke, die ausreichen, um etwas auszutauschen. Aber es gibt auch Freundschaften, die das Potential in sich tragen, um über Jahrzehnte das Leben des anderen zu bereichern. Doch obwohl langjährige Freundschaften für die Menschen sehr wertvoll sein können, hängt die Bereicherung nicht von der Länge, sondern in erster Linie von der Qualität der Freundschaft ab."

„Das gilt ja eigentlich für alles im Leben der Menschen, richtig?"

„Ja, die Menschen sollten genau darauf achten, was, und wie viel davon sie glücklich macht."

„Wie meinst du das jetzt wieder, Gabriel?"

„Die Menschen haben viele wunderbare Dinge geschaffen, und es gibt für sie inzwischen unzählige Möglichkeiten, wie sie neben der Umsetzung ihrer Lebensaufgabe ihre Zeit verbringen können. Aber nicht alles macht sie glücklich."

„Und warum tun sie es dann?“

„Weil die Menschen manchmal zu wenig auf ihr Herz hören. Und so kann es passieren, dass sie eine Sportart betreiben oder anderen Hobbys nachgehen, weil sie gerade modern sind.“

„Und nicht, weil sie ihnen Spaß machen? Das ist ja dumm.“

„Vor allem deshalb, weil Dinge, die Spaß machen, Energie bringen, und die anderen Energie kosten. Oft kommt es auch nur auf die richtige Dosierung an. Sie kann das Unterscheidungsmerkmal zwischen Bereicherung und Belastung sein.“

„Was heißt das, Dosierung?“

„Wenn ein Mensch eine Beschäftigung gefunden hat, die ihn erfüllt, er aber so viel Zeit dafür benötigt, dass es wiederum zu einer Belastung wird, liegt es an der Dosierung. Nehmen wir mal an, Leonie hat gerne Blumen um sich und legt sich deshalb einen Garten zu.“

„Ui, das ist eine schöne Idee.“

„Ja, solange der Garten die richtige Größe hat, wird er eine Bereicherung für Leonie sein. Und das Pflegen der Pflanzen wird sie glücklich machen und mit Energie füllen.“

„Und wenn er zu groß ist?“

„Dann wird sie ihn nicht mehr als Freude empfinden, sondern als eine Verpflichtung, für die sie zusätzlich Energie aufwenden muss. Und so ist es mit allem, was die Menschen sich in ihr Leben holen und womit sie sich beschäftigen.“

Das Lebensspiel

„Gabriel, die richtige Dosierung betrifft wohl auch die Verpflichtungen, die sich die Menschen aufladen. Denn ich sehe viele von ihnen, die das Leben so schwer nehmen! Sie sind so streng zu sich selbst, und viele wollen immer mehr in immer weniger Zeit erreichen. Sie hetzen und rackern und irgendwann vergessen sie, worum es im Leben eigentlich geht.“

„Weißt du, Feli, dazu wäre es hilfreich, wenn sich die Menschen ein Beispiel an den Vögeln nehmen würden. Es gibt Zeiten, in denen es wichtig ist, in Bewegung zu sein und die Flügel selbst auf und ab zu schwingen. Aber es gibt keinen Vogel, der nicht weiß, wann es Zeit ist, die Thermik auszunutzen und sich tragen zu lassen. Aber ich will es dir noch anhand eines anderen Beispiels erklären: **Das Leben ist wie ein Spiel. Vielleicht kann man es sogar mit einem Strategiespiel vergleichen. Es gibt einen Anfang, eine Strecke, die zurückgelegt werden muss, und ein Ende, von dem aber niemand genau weiß, wann es eintritt. Der Weg zum Ziel ist bei Spielen ja ganz unterschiedlich. Je nach Spielart gilt es, möglichst viel Wissen zu erwerben, ein Team zu bilden, oder zu einem bestimmten Vermögen zu gelangen, um damit wiederum etwas bewegen zu können. Bei den interessantesten Spielen, zu denen das Leben gehört, gilt es eine Kombination aus allem zu finden.“**

„Aber wenn ich die Menschen so beobachte, sieht es bei vielen so aus, als hätten sie ganz vergessen, dass es ein

Spiel ist und Spaß machen soll. Und ich habe auch viele gesehen, deren Fokus hauptsächlich auf Geld gerichtet ist. Was ist mit denen?"

„In dem Spiel, das Vater-Mutter-Gott ursprünglich für die Menschen schuf, hatte er Geld gar nicht vorgesehen. Lange war es so, dass alle zusammen arbeiteten und alles, was sie erwirtschafteten, sammelten oder jagten, untereinander aufteilten oder mit anderen Gruppen tauschten. Irgendwann aber schien dieses System nicht mehr zu funktionieren, und in verschiedenen Stufen entwickelte sich das, was die Menschen heute Geld und Währungen nennen. Für viele ist es jetzt einfacher, dass alles einen genauen Preis hat. Aber neben einer gewissen Erleichterung brachte das Geld auch eine neue Herausforderung mit sich. Denn anstatt das Geld als positive Energie zu nutzen, um damit ihre Lebensaufgaben umzusetzen, häuften es manche Menschen plötzlich nur noch an. Und die eigentliche Aufgabe wird vernachlässigt oder gar verdrängt."

„Also sehen die Menschen so unglücklich und traurig aus, weil sie es falsch einsetzen, nicht weil sie es besitzen!"

„Geld ist Energie. Und somit ist es neutral, bis es durch seinen Einsatz gelenkt wird. Für viele Lebensaufgaben ist auch Geld notwendig, damit sie umgesetzt werden können. Aber wenn die Seele versprochen hat, das Geschenk zu verteilen, dann hat sie auch die Möglichkeit, die finanziellen Mittel anzuziehen. Denn du weißt ja, wir geben den Seelen nur Geschenke mit, die sie auch wirklich umsetzen können."

„Und wenn dieser Mensch das angezogene Geld anstatt für seine Aufgabe plötzlich für reinen Konsum und Statussymbole verwendet?“

„Dann gibt es weitere Chancen. Denn eine Fehlentscheidung, welcher Art auch immer, heißt nichts anderes, als einen falschen Weg einzuschlagen. Und jeden Weg kann man auch zurückgehen. Allerdings ist dafür ein erhöhter Energieaufwand notwendig. Das kannst du dir vorstellen wie bei einer Bergwanderung, wobei wir den Gipfel als Beispiel für die Lebensaufgabe der Menschen nehmen. Der Wanderer ist unterwegs und plötzlich taucht dieser Irrweg auf, der in eine ganz andere Richtung führt. Und je weiter der Wanderer dem falschen Weg folgt, desto mehr Zeit und Kraft benötigt er, um zum richtigen Weg zurückzugelangen.“

„Werden sein Proviant und seine Lebenszeit denn dann noch ausreichen, um den Gipfel zu erreichen?“

„Das hängt davon ab, wie weit der Mensch den Irrweg gelaufen ist. Aber wenn er trotz allem wieder beginnt, seinen Weg zu genießen und anderen ‚Wanderern‘ ein guter Weggefährte zu sein, wird die Liebe ihn schneller ans Ziel führen als alles andere.“

„Weil der Mensch sich wieder auf das Glücklichsein ausrichtet, stimmt's?“

„Ganz genau, Felicitas. Denn es hat zwar jede Seele ihre Aufgaben zu erledigen, aber die Menschen sollen das Leben nicht als tragisch und schwer, sondern als Chance und Geschenk empfinden.“

„Eben als Spiel!“

„Und wer gewinnt bei einem Spiel immer?“

„Eigentlich gewinnen immer diejenigen, die das Spiel an sich und die Gesellschaft ihrer Freunde genießen.“

„So erklärt dieses Beispiel wiederum das ganze Leben der Menschen. Und dieser Schlüssel soll ihnen auch beim Thema Arbeit helfen.“

„Du meinst, weil viele irgendwann vergessen, dass ihre Arbeit Spaß machen soll?“

„Ja, manche vergessen es einfach. Oder sie unterliegen dem Glauben, dass die Arbeit wichtiger aussieht, wenn sie nicht so viel Spaß macht, und deshalb gar nicht richtig Spaß machen *darf*.“

„Wie bitte? Das macht ja wirklich keinen Sinn!“

„Vor allem, weil manche Menschen nicht stolz auf das sind, was sie leisten und was sie durch ihre Arbeit erschaffen. Manche sind stolz darauf, wenn es nach richtig harter Arbeit aussieht. Oder wenn sie damit einen guten Eindruck machen können.“

„Das sind dann wohl auch die Menschen, die nur ihre Freizeit als richtiges Leben betrachten und gar nicht erkennen, welche Geschenke in einem Beruf liegen, den man mit Freude ausübt.“

„Was daran liegt, dass sie, anstatt ihre Berufung zu leben, einfach irgendeinen Beruf ausüben. Und der kommt ihnen dann auch nicht wie Erfüllung, sondern wirklich wie schwere Arbeit vor."

„Aber warum ist das so?"

„Weil es der freie Wille der Menschen ist, was sie aus ihrem Leben und ihren Geschenken machen. Und so wurde es wie so vieles andere zu einer Art Prüfung, ob die Menschen noch auf das hören, was ihnen ihre innerste Stimme sagt, oder auf das, was nach außen hin gut aussieht."

„Gabriel, ich hoffe, dass Leonie da immer auf ihr Gefühl hört. Denn ich habe schon beobachtet, dass es viele Erwachsene zwar gut mit jungen Menschen meinen, wenn es um die Berufswahl geht, sie aber oft die falschen Kriterien benutzen."

„Was hauptsächlich daran liegt, dass sie wahrnehmen, was bei den meisten Menschen gut funktioniert. So raten Eltern, Lehrer und Vermittler manchmal zu Berufen, die ein gutes Gehalt und Sicherheit versprechen. Oder zu etwas, das bei ihnen selbst gut funktioniert hat. Sicherlich ist das alles gut gemeint, aber das Wichtigste wäre, auf die Talente der jungen Menschen zu achten. Denn du weißt ja bereits, dass Talente der Wegweiser zu Aufgaben sind, welche die Menschen glücklich machen. Und wenn sie mutig ihre Talente leben, dann fließt ihnen auch die meiste Energie zu. Und dadurch erschaffen sie sich selbst ihr Stückchen Paradies."

„Und was ist, wenn ein Mensch sich für den falschen Beruf entscheidet?“

„Ach weißt du, Feli, das mit falsch oder richtig ist oft relativ. Weil ein Mensch auf jedem Weg etwas lernt. Und wenn es nur die Lektion ist, dass er künftig besser auf sein Gefühl hört. So werden auf jedem Weg immer wieder Kreuzungen auftauchen, an denen die Richtung korrigiert werden kann. Die Folge ist zwar, dass die Wege zum Ziel länger oder auch beschwerlicher werden, aber ...“

„... ich weiß, ich weiß. Der freie Wille, nicht wahr? Aber sag mal, Gabriel, kann es eigentlich sein, dass Menschen auch dadurch wählen, dass sie sagen oder auch nur denken: ‚Das verstehe ich nicht‘?“

„Gut beobachtet, Feli. Manchmal lautet die Bitte, eine Erfahrung machen zu dürfen auch: ‚Wie kann er oder sie nur. Das würde *ich nie* machen‘. Den Menschen ist es oft gar nicht bewusst, aber in Wirklichkeit kreieren sie damit den Wunsch, es verstehen zu wollen und sich damit zu entwickeln. Und du weißt ja, die Wünsche der Menschen sind mächtig.“

„Und durch diesen Wunsch, den sie vielleicht gar nicht als solchen erkennen, bekommen sie dann dieselbe Situation, um sie verstehen zu können? Werden sie diese dann sofort als solche erkennen?“

„Meistens ist es Teil der Übung, dass die Aufgabe nach außen anders aussieht. Dadurch ist es schwerer zu erkennen. Im Kern jedoch verbirgt sich die gleiche Situation."

„Wie stelle ich mir das vor, Gabriel?"

„Zum Beispiel könnte es passieren, dass Leonie sich über eine Freundin wundert, die scheinbar mehr den Wünschen und Vorstellungen ihrer Eltern folgt als ihren eigenen, und sich denkt: ‚Ich verstehe das nicht, wie kann sie nur …?!‘ Meist nehmen die Menschen in diesen Fällen aber nur wahr, was sie auf den ersten Blick sehen. Und nicht selten basieren solche Fragen mehr auf Verurteilung als auf Verständnis. Deshalb bekommt die Person selbst die Möglichkeit, sich in der Bewältigung einer ähnlichen Situation zu beweisen. So kann es passieren, dass Leonie an einem besonderen Seminar teilnehmen möchte. Doch gerade, als sie sich anmelden will, wird sie zu einem Familienfest eingeladen."

„Wie sie sich dann wohl entscheiden wird?"

„Weißt du, Feli, die Entscheidung ist letzten Endes gar nicht so wichtig. Entscheidend ist, dass Leonie durch diese Situation einen ähnlichen inneren Konflikt erlebt wie ihre Freundin. Und durch dieses Erlebnis wird es ihr leichter gelingen, Mitgefühl für andere Menschen zu haben, anstatt sie zu verurteilen."

„Aber dafür muss ein Mensch wiederum sehr aufmerksam und auch ehrlich zu sich selbst sein, richtig?"

„So ist es. Doch wenn Leonie offen für das Leben ist, wird sie immer mehr dieser Zusammenhänge wahrnehmen und immer schneller die Schlüssel dazu finden.“

„Gabriel, wie viele Schlüssel gibt es denn?“

„Du, liebe Feli, hast jetzt schon von den Hauptschlüsseln gehört, die für alle Leben gleich wirksam sind. Doch es gibt auch individuelle Schlüssel. Denn durch die unterschiedlichen Wege, welche die Menschen in den einzelnen Leben beschreiten, kreieren sie Türen in sich selbst. Und jedes Leben bietet erneut die große Chance, alle Türen zu öffnen, um frei zu sein, das Leben zu genießen und den Himmel auf Erden zu erleben.“

Felicitas strahlt. „Gabriel, das hört sich alles so spannend an, dass ich am liebsten auch als Mensch auf die Erde gehen würde! Aber natürlich nur, wenn ich ebenfalls einen Schutzengel hier oben habe, der mir hilft!“

„Wenn du das wirklich möchtest, Feli, frag doch Leonie nach ihrem Leben auf der Erde, ob sie mit dir tauschen will. Denn es gibt keinen Menschen, in dem nicht auch ein Engel steckt.“

DANKE

Ich danke meinem eigenen Schutzengel!
Sicherlich hat auch er es oft nicht ganz leicht mit mir.
Dafür gibt es aber immer wieder viel zu lachen.

Danken möchte ich auch den menschlichen Engeln,
die mich in meinem Leben begleiten und einen großen
Teil zu *meinem* Glücklichsein beitragen.

Ganz besonders danke ich Therese, die mir seit vielen
Jahren eine solch wertvolle Wegbegleiterin ist.
Spirituell und menschlich.

Und ich danke Anita.
Für ihren Glauben an mich und meine Talente,
und dass sie mir beim letzten Stückchen Mut
geholfen hat, das zur Veröffentlichung
dieses Buches noch nötig war.

Danke auch an alle anderen,
die mich beim Schreiben
und bei der Umsetzung
dieses Buches unterstützt haben.

DANKE

Notizen:

Notizen: